4° V
5928

Les Signatures Ouvrières

au quatre de chiffre

PAR

Antoine SABATIER

Extrait du *Bulletin de la Société archéologique, historique et artistique LE VIEUX PAPIER*

Mars 1908.

LILLE

IMPRIMERIE LEFEBVRE-DUCROCQ

1908

Les signatures ouvrières
au quatre de chiffre.

À la trente-neuvième réunion des membres de la Société *Le Vieux Papier* (28 mai 1907), M. Henry Vivarez, notre érudit président, présenta un excellent travail [1] sur les marques d'imprimeurs et de libraires. Il fut conduit, par le sujet même, à décrire certains « monogrammes mariés aux ornements des vignettes », généralement des initiales placées soit dans un cercle, soit dans un cœur, ceux-ci surmontés d'une croix à un ou plusieurs croisillons ou d'un chiffre quatre. L'explication de ces monogrammes symboliques était un détail dans l'ensemble de son étude, et M. Vivarez accepta des conclusions déjà formulées en 1892 par M. Paul Delalain [2]. Or la question est pour moi d'un intérêt particulier, car j'en ai fait l'objet de recherches personnelles à propos de *sceaux de plomb commerciaux* porteurs de pareils emblèmes et dont je suis possesseur. J'aurais certainement tardé à en publier le résultat dans notre *Bulletin*, si l'un de nos collègues, M. Quenaidit [3], ne m'avait prévenu, en proposant, pour élucider ces signes obscurs, une théorie à mon avis inacceptable et plus nébuleuse que les signes mêmes. Bien qu'il soit difficile à résoudre, le problème n'est peut-être pas insoluble. Mais, en tout cas, je ne crois nullement qu'il relève, comme l'avance M. Quenaidit, de la cabale numérale.

La présente étude est, en grande partie, extraite d'un manuscrit spécial

---

1. H. VIVAREZ. *Les marques d'imprimeurs et de libraires.* (*Bull. de la Société Le Vieux Papier*, n° de juillet 1907).

2. P. DELALAIN. *Inventaire des marques d'imprimeurs et de libraires* de la Bibl. technique du Cercle de la Librairie, Paris, 1892.

3. QUENAIDIT. *Les énigmes des marques d'imprimeurs.* (*Bull. de la Société Le Vieux Papier*, n° de novembre 1907).

personnel, dont voici le titre : *Sigillographie historique des adminis-trations fiscales, communautés ouvrières et institutions diverses, ayant employé des sceaux de plomb* (XIVe-XVIIIe siècles). J'en détache les pages ici nécessaires. On verra que ces monogrammes sont moins mystérieux qu'on ne le pense communément ; ils n'ont rien de cabalistique et moins encore de sens hérétique. Si, pour quelque minime détail, les explications données restent un peu incertaines, l'ensemble paraîtra, je l'espère, approcher fort de la vérité, sinon tout à fait l'étreindre.

La grande faute des auteurs qui m'ont précédé a été de limiter leurs recherches aux seules marques d'imprimeurs et de libraires, alors que l'on est en présence d'un mode de signatures adopté par toutes les communautés ouvrières. Elles se retrouvent en abondance, par exemple, sur les sceaux de plomb que les artisans des corporations de tissage (draperie, toilerie, bonne-terie, soierie, etc.), appliquaient autrefois soit sur les pièces manufacturées, soit aux liens des balles. C'est principalement dans l'industrie lainière (draperie), que l'on en fit usage, non pas les drapiers-drapans ou fabricants, lesquels tissaient leur nom au bout des étoffes, mais les drapiers-marchands qui, achetant ces étoffes en toile ou en écru, les faisaient ensuite teindre ou apprêter. On les rencontre plus exceptionnellement dans les industries de la toilerie, de la bonneterie et de la soierie. Elles sont, au contraire, assez fréquentes à l'égard des professions annexes de teinturiers et d'auneurs.

Le type le plus général de ces marques est le suivant : un cœur sur-monté d'une croix dont l'extrémité supérieure se termine par un chiffre quatre et dont la hampe est habituellement barrée d'une ou de deux traverses entre le cœur et le quatre. Son extrémité inférieure, pénétrant dans le cœur, s'arrête sur un trait transversal, de façon à former trois loges : deux supé-rieures, où sont inscrites les initiales du fabricant, et une inférieure, occupée par un ornement, losange, étoile ou croissant. Mais les déviations de ce type classique sont nombreuses. La croix se termine parfois par une croix vraie, sans chiffre quatre, ou par une lettre X. Le cœur peut être absent : il est alors remplacé soit par un cercle, soit par des lettres X ou des lettres V doubles, soudées ou enchevêtrées, soit par les initiales accolées du fabri-cant, formant pied, etc.

Le symbolisme du signe principal, le cœur au quatre de chiffre, et des ornements additionnels, a été étudié par M. Paul Delalain (*loc. cit.*), à propos des marques d'imprimeurs. Ce travail servira de base à mes observations personnelles. « Pourquoi, dit M. Delalain, les initiales de l'imprimeur et du libraire, placées le plus souvent dans un cercle, quelquefois dans un cœur, sont-elles surmontées presque généralement d'une croix ? Pourquoi, à l'extrémité supérieure de la croix, cette ligne latérale qui vient former un triangle avec la traverse et reproduit en quelque sorte le chiffre quatre ? Pourquoi, avec ou sans ce signe inexpliqué, la croix a-t-elle deux et même trois croisillons ? Pourquoi la queue du chiffre quatre est-elle traversée elle-même par une et quelquefois par deux barres perpendiculaires qui semblent restituer une croix véritable dans un sens différent ? Pourquoi, parmi les ornements accessoires, ces espèces d'étoiles formées pour ainsi dire de plusieurs X enchevêtrés, ou bien ces X isolés ? Pourquoi, à la base des croix, ces V doublés ou renversés l'un sur l'autre ? Pourquoi, sur le montant de la croix, la lettre S, dont la signification, comme celle des V que je viens d'indiquer, n'est pas toujours donnée par l'initiale du nom soit de l'imprimeur ou du libraire, soit de la ville dont il est citoyen ? etc. »

On constate, sur nos sceaux de plomb, les mêmes formes diverses décrites par l'auteur pour les marques des imprimeurs, et les mêmes énigmes se posent. M. Delalain continue en faisant observer qu'une idée générale paraît avoir déterminé le choix de la croix, simple ou avec ornements additionnels, puisque ces croix à quatre de chiffre se retrouvent dans tous les pays dès les premiers livres publiés. On les rencontre aussi sculptées sur des édifices religieux et sur des pierres tombales. L'imprimeur Alkan aîné voyait dans ces signes des sortes d'horoscopes analogues à ceux sous lesquels on plaçait les nouveau-nés. Mais, dit M. Delalain, il est plus vraisemblable de croire qu'ils sont liés à une idée religieuse. « Le fait qui frappe, c'est la persistance de la croix ; elle peut se modifier dans le nombre de ses croisillons, dans ses supports, dans la forme et les ornements de sa partie supérieure, il n'en est pas moins vrai que l'intention de la produire et de la manifester se reconnaît toujours facilement. Or, la croix est l'emblème du christianisme, etc. ».

L'opinion de M. Delalain, à l'égard du caractère religieux des marques d'imprimeurs, a été formulée plus anciennement par A. Jacquemart pour certaines marques des céramistes italiens (*Les merveilles de la céramique*, Paris, 1877, t. II, p. 320). Je me range, à mon tour, à ces mêmes avis pour les figurations de nos sceaux commerciaux. Elles procèdent sûrement d'une idée religieuse, et les tentatives d'explications doivent être dirigées dans ce sens. La manifestation de la croix, simple ou compliquée d'ornements accessoires, est certaine. Visiblement l'imprimeur, le céramiste, et, s'il s'agit de nos plombs, le marchand ou le fabricant, ont voulu placer leur profession ou leur négoce sous la sauvegarde du divin symbole.

Mais M. Delalain émet l'hypothèse qu'il faudrait peut-être tenir compte de l'origine de l'imprimerie. Les premiers imprimeurs auraient formé leurs marques en s'inspirant des attributs impériaux, le globe terrestre sommé de la croix. Or, ce choix se doublait d'une idée religieuse, puisque les papes portent également sur la tiare le globe crucifère. Aussi, celle-ci aurait peu à peu absorbé toute autre signification, à mesure que l'imprimerie, se répandant parmi les nations, perdait ses attaches germaniques. On expliquerait de la sorte l'apparition du cœur, substitué au globe terrestre, parce que ce dernier rappelait trop le pays d'origine au détriment de l'idée religieuse.

Je ne partage pas cette opinion particulière, et je ne crois pas que les marques au quatre de chiffre, même celles des imprimeurs, soient d'invention germanique. Delalain fut entraîné à la formuler, parce qu'il ne se préoccupait que des imprimeurs et des libraires. En quelques mots seulement il cite les quatre de chiffre sculptés sur les monuments religieux et les pierres tombales. Mais l'emploi de tels signes ou similaires se retrouve dans des professions fort diverses et, pour tout dire, dans l'universalité des communautés de métiers. Aux imprimeurs et libraires, aux lapidaires et tâcherons tailleurs de pierres, aux céramistes, j'ajouterai les cartiers, les fabricants de papier (filagrammes) [1], les luthiers (marques sur le bois des instruments), les orfèvres et les potiers d'étain (poinçons), etc., etc.. Ma collection de sceaux de plomb permet d'y joindre toutes les industries de tissage, drapiers, toiliers, bonnetiers, tapissiers de haute et basse lisse, fabricants d'étoffes d'or, argent et soie, passementiers, guimpiers, etc., sans oublier les professions annexes de foulonniers, teinturiers, apprêteurs, auneurs. Non seulement les marques de ces artisans étaient frappées sur leurs sceaux de plomb, mais elles étaient aussi tracées sur la toile des emballages, et manuscrites ou imprimées sur les papiers commerciaux, registres et grands-livres, lettres de voiture [2],

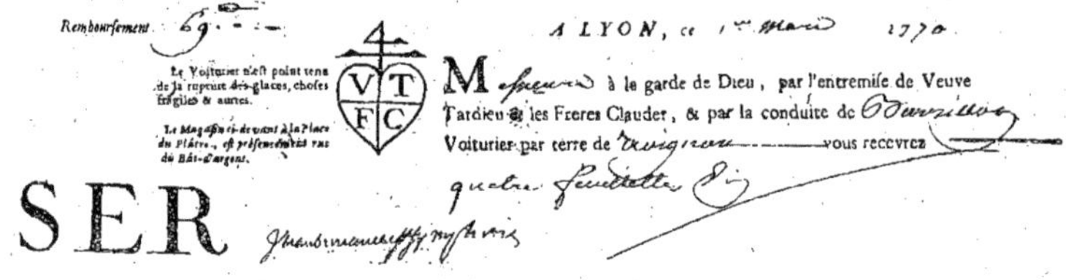

Partie supérieure d'une lettre de voiture de 1770.

cachets de cire des lettres d'avis. Tous les collectionneurs ont pu recueillir, à mon exemple, soit des cachets gravés au quatre de chiffre, soit d'anciens registres, dont la couverture de parchemin ou les feuilles de garde sont décorées d'un cœur au quatre de chiffre.

Le signe étudié n'est, en effet, qu'une *signature* compliquée de l'adjonction d'attributs religieux. Cœur ou cercle, croix et ornements additionnels, ces attributs sont bien liés à une idée de protection, mais de protection divine. Ils n'ont aucun caractère d'horoscope cabalistique, comme le pensait

---

1. Dans le *Bulletin du Vieux Papier*, de mars 1901 à septembre 1904, sous le titre d'*Essai d'éphémérides concernant tout ce qui a rapport au papier et à ses précurseurs*, M. Ris-Paquot a publié de nombreux filagrammes relevés sur d'anciens papiers. On y trouve beaucoup de croix et quelques cœurs. Le chiffre quatre n'y figure pas. Il a été cependant employé, mais sur des papiers plus récents.

2. Elles sont cependant rares, surtout imprimées, sur les lettres de voiture. Parmi plus de 250 documents de cette nature en ma possession, dont la plus grande part date de la seconde moitié du XVIIIe siècle, je n'ai rencontré que deux spécimens, tous les deux lyonnais, dont l'un est reproduit ici en partie.

l'imprimeur Alkan, et comme à son tour l'avance M. Quenaidit. Cette signature des artisans et gens de négoce est comparable à des armoiries, lesquelles ne sont aussi que des signatures. Le globe ou le cœur représentent l'écu du blason, et la croix, avec ou sans quatre de chiffre, en représente le timbre. Mais les armoiries sont dénuées de tout sens religieux, tandis qu'il est manifeste dans les signatures professionnelles des gens de métiers.

En résumé, je ne crois pas que les imprimeurs aient créé la coutume de toutes pièces, et, par conséquent, je ne crois pas à son origine germanique. Si les imprimeurs avaient inauguré ces marques singulières, il serait vraiment extraordinaire que l'usage se fût si vite répandu à des industries de tissage ou autres. Il est plus logique de soutenir que les imprimeurs n'ont rien inventé et furent simplement des imitateurs.

Sans emprunter la coutume à des professions éloignées de la leur propre, les seings ou *signa* des notaires, des scribes et des copistes de manuscrits, leur en fournissaient de nombreux exemples. Si les marques au quatre de chiffre se constatent chez toutes les nations, dès les premiers livres publiés, ce n'est pas à cause de l'expansion allemande du nouvel art, mais parce que de façon générale les imprimeurs adoptèrent naturellement un genre de marques établi de toutes parts et séculaire parmi les diverses corporations de métiers. Et si les livres semblent, aujourd'hui, en fixer la date d'apparition, c'est parce qu'ils avaient une plus grande chance de durée qu'un produit céramique ou qu'un sceau commercial jeté à la voirie. Pour la même raison, ont survécu les quatre de chiffre des lapidaires et les seings des notaires, antérieurs, du reste, à l'imprimerie.

Ces marques [1] intéressantes me paraissent d'une antiquité lointaine. Elles touchent aux chrismes chrétiens des sépultures mérovingiennes ou carolingiennes, et, par leur intermédiaire, à ces chi et à ces rho grecs (initiales de χριστος) brochant l'un sur l'autre, à ces alphas et omégas, ces croix, ces cercles, symbolisant l'éternité, que l'on relève sur les plombs de bulles et sur les tombes chrétiennes des premiers âges. Si bien, en définitive, que les marques au quatre de chiffre du XVIIIe siècle remonteraient traditionnellement aux chrismes religieux de l'avènement du christianisme.

Entraîné par cette opinion, que les imprimeurs choisirent comme marque les attributs impériaux, M. Delalain pense que le globe, surmonté de la croix,

---

1. L'apparition première du signe est habituellement indiquée à la date de 1496, sur un livre des presses de Berthold Renbold, l'associé d'Ulrich Gering. C'est un grand quatre, imprimé en rouge, avec un croisillon sur le trait horizontal. Il surmonte un cercle dans lequel les initiales de Renbold sont imprimées en noir. L'assertion est sans doute exacte pour l'ensemble des publications parisiennes et à l'égard du chiffre, du quatre. Mais si les recherches portent sur d'autres villes que Paris, on constate que, cœur ou cercle, croix et croisillons, et enfin le chiffre quatre, sont plus anciens. On en verra des exemples pour Lyon, dans l'ouvrage d'Aimé Vingtrinier : *Histoire de l'Imprimerie à Lyon* (Lyon 1894). J'attire l'attention sur les marques de Jehan Clein, Perrin Lathomus, Cyber ou Syber. Elles sont antérieures à 1496, et la marque de Syber montre un chiffre quatre.

BIBLIOTHÈQUE NATIONALE — B. F. — IMPRIMÉS

fut la forme primitive. Le cœur se serait ensuite substitué au monde terrestre, à mesure que l'imprimerie s'éloignait de son pays d'origine. Les ornements additionnels X, V doubles, quatre de chiffre, etc., seraient aussi postérieurs à la croix simple. Je ne puis souscrire à cette assertion, en ce qu'elle comporte d'absolutisme méthodique. Les globes crucifères de l'empire et de la papauté sont, à mon avis, des symboles religieux de même nature que nos humbles signatures ouvrières. Ils remontent, comme elles, aux anciens chrismes chrétiens. Mais les emblèmes chrétiens des sépultures des premiers âges sont déjà si variés, qu'une division chronologique des genres paraît impossible, à moins, peut-être, de se limiter à une région déterminée. A l'égard des sceaux de plomb de ma collection frappés de ces signatures (120 environ), deux ou trois seulement ont un globe ou cercle, et sont récents, du XVIIᵉ ou XVIIIᵉ siècle. D'autre part, plusieurs sceaux à type gothique du XVᵉ siècle n'ont que le quatre, sans cœur ni globe. Ces réserves posées, j'admettrai cependant pratiquement que la forme première dût être le monde crucifère, figure où l'idée religieuse se manifestait avec le plus de clarté et de simplicité. L'assertion est probable et elle a, dans une étude d'ensemble, l'avantage de fournir un point de départ précis.

Mais des signes accessoires se surajoutèrent de bonne heure ou se substituèrent aux diverses parties du type originel. Je note successivement, sans aucune tendance à classification chronologique : le cœur, le chiffre quatre, les traverses multiples de la croix, les lettres X, V, S, alphas et omégas, etc. D'où proviennent ces modifications ? Quel symbolisme peut-on leur attribuer ? C'est ce que nous allons nous efforcer d'éclaircir.

1° *Le Cœur*. — Si le globe ou monde, représenté par un cercle, s'est lentement transformé en un cœur pour les marques d'imprimerie, cela résulte de la fixité que l'art même des imprimeurs assurait au signe. Pourtant le cœur se constate dès les premières années où les imprimeurs prirent l'habitude de signer leurs œuvres. Dans le travail plus haut cité, d'Aimé Vingtrinier, on peut voir le cœur crucifère de Perrin Lathomus, lequel, en 1479, publia une Bible lyonnaise. Cette substitution si rapide du cœur au globe terrestre se rattache à la théorie générale que je soutiens. Perrin Lathomus n'inventa pas la marque au cœur ; il la choisit préférablement au globe ou cercle, parmi les signatures professionnelles des métiers, modifiées déjà depuis des siècles.

Quant aux marques commerciales des industries de tissage, la permanence du type primitif (monde crucifère) était, en dehors des sceaux de plomb, très aléatoire, attendu qu'elles étaient journellement tracées à la main. Tel est le cas pour les emballeurs qui, sur les caisses, ballots ou fardeaux, mettaient, avec une sorte de plume de bois taillée en chanfrein, les marques individuelles des marchands. Opérant rapidement, ils décrivaient un cercle plus ou moins régulier, ou deux demi-cercles, l'un à droite, l'autre à gauche. La figure obtenue tenait certainement plus de l'ellipse que du cercle. Elle s'allongeait en pointe inférieure. Elle finit par former un cœur, qui devint bientôt le signe classique et coutumier. Pareil fait se produisit pour les cercles inscrits à la main sur les feuilles de tête des registres et grands livres. D'une façon générale, dans les industries de commerce pur, le cœur ne tarda pas à remplacer le monde primitif, changement si rapide, que, contrairement aux marques d'imprimerie, ma collection compte de nombreux spécimens avec le cœur, et seulement quelques rares sceaux avec le globe ou cercle ; encore ceux-ci sont-ils tous relativement récents.

Deux raisons intervinrent pour hâter cette transformation. On sait combien fut profonde, particulièrement à Lyon, l'influence italienne sur le commerce et ses usages. Or j'ai assimilé les marques au quatre de chiffre à des armoiries ; et l'une des formes favorites du blason en Italie est la forme en cœur. Il est naturel que cette forme héraldique ait, en Italie, de prime abord, passé aux sceaux commerciaux, puis se soit répandue dans nos régions, apportée par les trafiquants d'outre-monts. Les sceaux de la Douane de Lyon du bureau d'Avignon, terre papale, sont les seuls, parmi les plombs de cette administration fiscale, qui nous présentent les armes lyonnaises dans un écu cordiforme. Ce détail curieux se lie certainement aux habitudes artistiques des graveurs d'Avignon, Italiens d'origine ou par tradition.

Mais l'adoption du cœur au lieu du globe parut d'autant plus légitime, que le nouveau signe renforçait l'idée religieuse primitive. Si en effet la croix est l'emblème de la Foi, le cœur est celui d'une autre vertu théologale, la Charité.

2° *Le chiffre quatre*. — Ce chiffre était de formation facile. Il suffisait de tirer une ligne oblique de l'extrémité supérieure de la croix à la droite du croisillon transversal. Sa genèse, les causes qui en déterminèrent l'apparition et la persistance, sont d'une explication plus obscure. M. Delalain, sans se prononcer, a proposé deux hypothèses. Ayant observé que, sur certaines marques d'imprimeurs, l'extrémité libre de la croix était munie d'une sorte d'oriflamme ou de guidon, fait d'un petit trait oblique, il pense qu'un graveur inexpérimenté a pu compléter le trait et constituer ainsi un chiffre quatre. On aurait, peu à peu, imité et accepté ce nouveau signe, sans en connaître l'origine. Il fait observer également que, sur des monogrammes du Sauveur, I H S, l'extrémité de l'un des jambages de la lettre H décrit, parfois, une sorte de chiffre quatre, par suite d'une ornementation fantaisiste. Ce motif, qui n'est pour nous qu'un trait d'abréviation, aurait pu passer aux marques d'imprimeurs. Enfin, il rappelle une troisième hypothèse émise par M. Wiener, directeur du Musée lorrain de Nancy : le quatre serait la représentation figurée du geste que l'on trace en faisant un signe de croix. Toutefois, en ce cas, M. Delalain objecte que le quatre aurait dû être renversé, avoir son triangle au-dessous du croisillon transversal et non au-dessus. La conclusion générale est que, quelle que soit l'opinion admise, le signe procède bien d'une idée religieuse. Il s'est répandu rapidement, puis est allé en déclinant. Les pays ayant accepté la Réforme s'en affranchirent les premiers et il est, par exemple, fort rare sur les livres publiés en Angleterre.

Je suis moi-même convaincu que le quatre est d'essence religieuse, mais je ne crois vraie aucune des trois hypothèses exposées par M. Delalain. Ce quatre surajouté à la croix est, à mon avis, un *triangle*, le symbole de la Trinité, triangle divin. On n'a pas tenu compte de la valeur respective des angles, parce que de nécessité l'un d'eux devait forcément être un angle droit. On a seulement envisagé leur triade, le nombre *trois*. Il est remarquable que sur les sépultures chrétiennes antiques, avec les chrismes, les croix, les cercles, les alphas et les omégas, on trouve aussi des triangles. Ils y ont été figurés « à l'intention d'affirmer la consubstantialité des trois personnes divines et de protester contre l'arianisme ». (*Inscriptions antiques de Lyon*, Allmer et Dissard, t. IV, p. 177).

Si le côté horizontal du triangle, formant queue à la gauche, est souvent recroisetté, c'est afin de reconstituer, autant que possible, une croix vraie. Mais cette queue est parfois absente. Je ne puis apporter au débat un document en nature, un sceau : j'en citerai seulement un exemple tracé à la main sur un registre des actes consulaires de Lyon (BB, 270, f° 16, année 1709). Ces registres portent en marge et manuscrites de nombreuses marques des marchands suisses et allemands, obligés, pour jouir de leurs privilèges de franchise à nos foires, de se faire inscrire à l'Hôtel-de-Ville et de donner l'empreinte de leurs marques. Au folio indiqué se trouve celle de Nicolas Hoffman, de Bâle. La hampe, de ce qui devrait être une croix, se termine, à sa partie supérieure, par un *triangle plein*, sans queue de quatre. En feuilletant les registres BB, on en retrouve d'autres exemples. Ils viennent corroborer mon opinion, que le quatre de chiffre n'est primitivement qu'un triangle, modifié plus tard par l'adjonction d'une queue pour reconstituer la croix disparue.

Le triangle initial devait presque fatalement se transformer assez vite en un chiffre quatre dans les industries où le signe était souvent fait à la main (céramistes, industries de tissage). Alors qu'après avoir tracé la hampe de la croix, on le figurait à la droite de son extrémité supérieure, la main avait une tendance naturelle à poursuivre le mouvement, à le continuer à gauche : d'où une queue de quatre, que l'on agrémenta d'une croisette perpendiculaire pour suppléer à la croix modifiée. Fort probablement le triangle plein de Nicolas Hoffman devenait, sur les ballots de ce marchand, un chiffre quatre, par un geste instinctif des emballeurs.

Triangle ou quatre de chiffre, le signe est généralement bien orienté. Lorsqu'il est contourné, on peut en accuser l'inattention du graveur. Pourtant, au registre BB, 308, f° 54, à la date de 1743, la marque de Jean-Pierre Becker, de Cologne, est représentée par un quatre contourné, ce qui est bien intentionnel, puisque la marque est manuscrite.

3° *Croix à traverses multiples*. — La même raison, qui poussa à recroiseter la queue du chiffre, fit tracer sous celui-ci des traverses de restitution. On voit parfois deux et même trois traverses horizontales, ce qui se constate aussi aux croisillons de la queue du chiffre. M. Octave de Rochebrune estime que cela indique des degrés hiérarchiques différents, comme pour les croix des dignités ecclésiastiques. Appliquant cette hypothèse aux marques d'imprimeurs ou à nos sceaux commerciaux, ces traverses redoublées seraient donc en rapport avec l'ancienneté ou l'importance des maisons de commerce. Mais M. Delalain, se fondant sur ce que le fait s'observe principalement pour les marques des imprimeurs italiens, préfère y voir une simple manifestation religieuse plus accusée. Et j'ai tendance à admettre cette opinion.

Les croix à traverse double, avec ou sans chiffre quatre, sont toujours de la forme de la croix de Lorraine, l'échelon supérieur plus court que l'inférieur. Je ne les ai jamais vus égaux sur nos sceaux de plomb. On pourrait donc prétendre que ces croix indiquent le pays d'origine. Mais ce serait une erreur certaine. Car elles se trouvent dans tous les pays, avec une abondance que le commerce lorrain ne suffirait pas à expliquer.

Simples, doubles ou triples, les traverses des croix sont généralement *uni-pattées* à leurs extrémités libres. Elles s'élargissent, à ce niveau seulement, sur leur bord supérieur, et non des deux côtés, comme dans les croix pattées héraldiques. Ce détail est observé même sur les croix manuscrites de nos registres consulaires. Tout en étant infiniment plus rares, les croix *bi-pattées* se rencontrent cependant quelquefois.

J'ai dit que la base des hampes s'arrêtait dans le cœur sur un trait transversal, de façon à former trois loges. Mais lorsqu'à la tête de la maison de commerce existent des associés, la hampe descend jusqu'à la pointe, délimitant ainsi quatre loges. On peut même voir dans le cœur deux traits transversaux, et par conséquent, cinq ou six loges, suivant que la hampe s'arrête sur le trait inférieur ou atteint la pointe. Du reste la base des hampes est sujette à des modifications variables. Au lieu de s'arrêter par un angle droit sur le trait transversal, elle se courbe souvent en deux demi-cercles symétriques, ou bien, coupant le trait transversal, se termine par une étoile dans la loge inférieure. On peut les voir encore, en l'absence du cercle ou du cœur, figurer une *ancre*, ce qui nous donne la troisième vertu théologale, l'Espérance.

4° *Lettre X*. — On rencontre fréquemment une lettre X surajoutée aux initiales normales, et non traduisible par les nom et prénom de l'imprimeur ou du marchand. Mais à l'égard des sceaux commerciaux tout au moins, j'ai constaté une cause d'erreur inattendue. Certains plombs, pourvus d'une lettre X, sont passibles de cette lecture : *un tel, fils de Christophe*. C'est-à-dire que l'ensemble des initiales se rapporterait à la fois au marchand et à son père. Je m'en suis rendu compte en compulsant nos registres consulaires lyonnais. La marque de Nicolas Hoffman, déjà nommé, en est un exemple. C'est un quatre de chiffre, sans cœur, où les initiales NH accolées forment le support ou pied de la hampe de la croix ; entre le chiffre et les initiales, une lettre X broche sur la hampe. Or, Nicolas Hoffman, marchand de la ville de Bâle, est fils de Christophe Hoffman. La lettre X existe-t-elle pour rappeler sa filiation ou comme emblème religieux? Rien n'autorise, en vérité, à trancher la question en tel ou tel sens. Et au surplus elle a pu être inscrite dans le double but signalé.

Quoi qu'il en soit, cette lettre semble bien n'avoir souvent aucun lien avec les nom et prénom du marchand, avec sa généalogie et avec le nom de la ville dont il est originaire. On la considère généralement comme l'initiale du nom grec de Jésus-Christ : χριστος. Ce serait un chrisme partiel, sans le rho habituel. Et l'idée qui conduisit à son emploi, comme pour le cercle, la croix et le quatre, serait également d'ordre religieux.

Son usage sur les sceaux commerciaux est d'autant plus légitime, qu'elle est en même temps l'initiale de saint Christophe, patron des voyageurs. On connaît la légende de ce saint populaire. Il est intéressant de faire observer que sa représentation figurée a un curieux point de rapprochement avec les signatures crucifères ouvrières. Un bâton à la main, le saint traverse un ruisseau plus ou moins débordé, et l'Enfant Jésus sur son épaule porte un monde crucifère.

La lettre X est placée tantôt au pied de la hampe d'une croix à chiffre quatre, sans cœur, et elle est alors double ou enchevêtrée : tantôt entre le cœur et le quatre, sur la partie moyenne de la hampe ; tantôt enfin au sommet d'une croix, avec ou sans cœur, mais sans chiffre quatre. En ces deux derniers cas, elle est unique.

5° *Lettre V*. — On rencontre parfois une lettre V, étrangère comme la lettre X aux noms du marchand. Serait-ce, dit M. Delalain, à propos des marques d'imprimeurs, une allusion au verset de l'Évangile de saint Jean, lequel concerne J.-C. : *Ego sum Via, Veritas et Vita*.

Cette interprétation me paraît fort hasardée. Je crois plutôt que les V sont une simple dérivation des X. La lettre X, en effet, n'est autre chose que deux V soudés par leurs pointes. Et inversement, quand deux V sont renversés l'un sur l'autre, ils constituent deux lettres X accolées.

Les lettres V sont, du reste, le plus souvent doubles. Elles se voient au bas de la hampe et remplacent le cœur, tantôt renversées et enchevêtrées, tantôt côte à côte. Mais on les trouve aussi quelquefois uniques. Telle la marque de Gaspard Schlatter, de Saint-Gall (BB, 308, f° 28, année 1743), un Λ à pointe supérieure prolongée par un chiffre quatre, et dont la branche gauche se termine sur l'initiale C, la branche droite sur l'initiale S.

6° *Lettre S.* — Comme pour tous les signes précédents, l'explication de cette lettre a été recherchée au point de vue religieux. M. Delalain a proposé la lecture *Spiritus*, par allusion à la Trinité, ce qui confirmerait mon opinion à l'égard du triangle en quatre de chiffre. Cela est plausible, mais je n'oserais affirmer l'hypothèse. Les sceaux porteurs de la lettre S sont rares, et je ne suis pas assez documenté pour émettre une opinion personnelle. La lettre est habituellement unique et broche sur la hampe des croix.

Du reste, M. Dissard, conservateur du Musée de Lyon, au lieu de *Spiritus* m'a inspiré la lecture *Signum* ou *Sigillum* : sceau, seing ou signature d'un tel. Le terme est, en effet, employé sur des sceaux commermerciaux. On trouve, par exemple, S R sur des sceaux de Rouen (*Signum* ou *Sigillum Rothomagi*), et sur des sceaux de Saint-Gall, SIG. CIV. ST. GAL (sceau de la cité de Saint-Gall). Si l'hypothèse doit être un jour reconnue véridique, dans l'ensemble des signes étudiés, la lettre S n'aurait donc pas de sens religieux.

7° *Alphas et omégas.* — Première et dernière lettre de l'alphabet grec, l'alpha et l'oméga rappellent ce passage de l'Apocalypse de saint Jean, où il est dit que Dieu est l'alpha et l'oméga de toutes choses. Depuis les premiers siècles chrétiens, la représentation de ces lettres sur les pierres tombales a eu une vogue universelle. Elle dure encore : l'alpha et surtout l'oméga sont toujours des motifs classiques d'ornementation pour les sculptures des travaux funéraires.

Ces lettres se constatent fréquemment dans les marques d'imprimeurs. Quant aux sceaux commerciaux je ne puis en citer d'exemple, sans doute à cause de la rareté des documents. Néanmoins, il est sûr qu'elles firent partie des emblèmes adoptés dans les marques des marchands. Je possède un règlement de la communauté lyonnaise des fabricants d'étoffes d'or, argent et soie (1737), dont la couverture de parchemin porte la marque du propriétaire ancien : un cœur, surmonté d'une croix à double traverse. Sur la pointe libre de la croix, sans chiffre quatre, un oméga est placé en équilibre, comme un chapeau.

***

De ce qui précède, je crois pouvoir conclure, avec Jacquemart et Delalain, que les signatures professionnelles des gens de métiers sont essentiellement religieuses. Les artisans, qui les employèrent, n'étaient ni des illuminés de cabale, ni des hérétiques, mais simplement des chrétiens.

Le caractère des emblèmes adoptés, ajouterai-je, permet d'en faire remonter l'usage jusqu'aux siècles de l'avènement victorieux du christianisme (IV⁰ et V⁰ siècles). C'est par l'examen des inscriptions lapidaires et des *signa* des notaires, œuvres durables, que se vérifie au mieux cette assertion. En pareille matière, leur témoignage est suffisant pour étayer la thèse. Une conséquence secondaire en découle. Les signatures ouvrières, avec attributs religieux, ont dû naître en Italie, siège de la papauté. Quelques menus faits, signalés au cours de mon étude, paraissent confirmer cette indication d'origine. Et j'ai exposé les raisons pour lesquelles je ne croyais pas à leur origine germanique.

La Révolution a, naturellement, fait disparaître en France ces signatures compromettantes. Pourtant la tradition ne fut pas et n'est pas complètement éteinte. Beaucoup de registres commerciaux de la première moitié du XIX⁰ siècle présentent, sur la couverture ou la feuille de garde, le cœur au quatre de chiffre. La coutume a persisté dans les écoles : on trouve des livres scolaires où les initiales de l'écolier sont inscrites dans un cœur à l'imitation des signatures paternelles. Actuellement encore, les fabricants de registres mettent sur les couvertures un cœur au pochoir, il est vrai, sans la croix séculaire. Et je connais enfin, à Lyon même, une maison de vins et liqueurs dont le bouchon des bouteilles de vin de Bordeaux est scellé d'un cachet de cire avec cœur au quatre de chiffre.

ANTOINE SABATIER.

BIBLIOTHÈQUE NATIONALE — R. F. — IMPRIMÉS.

www.ingramcontent.com/pod-product-compliance
Ingram Content Group UK Ltd.
Pitfield, Milton Keynes, MK11 3LW, UK
UKHW020158080726
13614UKWH00006B/2578